Claves para Presentaciones Exitosas con PowerPoint

Jefferson Edgar Villarreal Enriquez

Editorial: IST CEMLAD

Alberto Enriquez S8-209 y José Mendoza Quito, Ecuador

Ediciones Cemlad es un departamento del IST Cemlad, una organización no gubernamental sin fines de lucro dedicado a formar profesionales en el ámbito tecnológico con habilidades para crear soluciones a las demandas de la época en pro del bienestar humano y el desarrollo económico.

Autor: Msc. Jefferson Villarreal, Ing
Titulo de la investigación: Claves para Presentaciones Exitosas con PowerPoint 2024
Linea de investigación: Tecnologías que promueve y son amigables con el desarrollo humano, satisfacen los servicios empresariales con la aplicación de las TIC´s.
Inicio de **la investigación: 2023/08/26**
Fin de la investigación: 2024/05/06
Lector par 1:
Lector par 2
Diseño de portada:
Correo: publicaciones@cemlad.edu.ec

DEDICATORIA

A mis queridos padres, Edgar Villarreal y Gloria Enríquez, cuyo amor y guía han sido el faro constante en mi vida. A mi hermana, Dra. Nicole Villarreal, por su incesante apoyo y por ser una fuente de inspiración en cada paso que doy. A mis estudiantes, esperando que este material les sea de utilidad y les motive a enfrentar con valentía los desafíos futuros.

"El que desea constantemente superarse, debe considerar a su mayor enemigo como su mejor amigo", una reflexión de Nicolás Maquiavelo que me recuerda la importancia del autodescubrimiento y el crecimiento personal.

CONTENIDO

AGRADECIMIENTOS

Mi más sincero agradecimiento al Instituto Superior Tecnológico Cemlad, que me brindó las herramientas y el entorno propicio para desarrollar este trabajo. Agradezco profundamente a la Msg. Lilia Gutiérrez por su invaluable apoyo emocional y moral durante este proceso. Mi gratitud al Ing. Anderson Ullco, cuya orientación y consejo han sido fundamentales para la concreción de este proyecto.

A mis compañeros docentes y estudiantes del IST Cemlad, por su constante colaboración y por ser una fuente de aprendizaje mutuo. Quiero también agradecer a todos los lectores. Espero que este libro les ayude a navegar el vasto mundo de las TICs y les inspire a seguir aprendiendo y creciendo en sus respectivas áreas.

RESUMEN

"Claves para Presentaciones Exitosas con PowerPoint 2024" es un recurso indispensable para quienes buscan elevar sus habilidades de presentación en el ámbito digital. Este libro proporciona un recorrido exhaustivo por las herramientas y características de PowerPoint, enseñando no solo sobre su funcionalidad sino también sobre los principios esenciales de diseño, narrativa y psicología de la audiencia. El autor profundiza en cómo una presentación básica puede evolucionar en una comunicación efectiva y visualmente atractiva. Se abordan temas como la selección adecuada de colores y fuentes, la integración efectiva de multimedia, y el diseño avanzado de gráficos, con el fin de hacer cada presentación única y memorable. Además, se destacan técnicas para adaptar el contenido a diferentes públicos, con ejemplos concretos, ejercicios prácticos y consejos útiles para quienes aspiran a impactar y captar la atención de su audiencia de manera significativa. Este libro es una herramienta esencial para cualquier persona que desee mejorar significativamente sus capacidades de presentación y dejar una huella duradera en su público.

Palabras Claves:
PowerPoint 2024, transformación, diseño avanzado, comunicación efectiva, ejercicios prácticos.

ABSTRACT

"Keys to Successful PowerPoint 2024 Presentations" is an indispensable resource for those looking to elevate their presentation skills in the digital realm. This book provides a comprehensive walkthrough of the tools and features of PowerPoint, teaching not only about its functionality but also about essential principles of design, storytelling, and audience psychology. The author delves into how a basic presentation can evolve into effective and visually appealing communication. Topics such as the proper selection of colors and fonts, effective integration of multimedia, and advanced graphic design are covered, aiming to make each presentation unique and memorable. Additionally, techniques for adapting content to different audiences are highlighted, with concrete examples, practical exercises, and useful tips for those aspiring to significantly impact and capture the attention of their audience. This book is an essential tool for anyone looking to significantly improve their presentation capabilities and leave a lasting impression on their audience.

Keywords:
PowerPoint 2024, transformation, advanced design, effective communication, hands-on exercises.

INTRODUCCIÓN

Cada día, nos encontramos sumergidos en un mar de datos, imágenes, historias y argumentos, todos luchando por nuestra atención. En este contexto, la capacidad de presentar ideas de manera clara, coherente y cautivadora es más crucial que nunca. ¿Cómo destacamos en medio de esta saturación informativa? ¿Cómo nos aseguramos de que nuestro mensaje no solo se escuche, sino que también sea recordado? Aquí es donde entra en juego una herramienta que ha demostrado su valía a lo largo de los años: PowerPoint.

PowerPoint, más que una simple aplicación para crear diapositivas, es una poderosa plataforma que, cuando se utiliza con eficacia, puede transformar datos crudos en narrativas envolventes, ideas complejas en visualizaciones claras y presentaciones monótonas en experiencias memorables. Sin embargo, dominar esta herramienta requiere más que solo conocer sus funciones técnicas; implica comprender los principios del diseño visual, la psicología de la audiencia y el arte de contar historias.

" Claves para Presentaciones Exitosas con PowerPoint" no es solo otro manual de PowerPoint. Es una travesía, guiada, que lleva a los lectores desde los fundamentos básicos hasta las técnicas más avanzadas. A lo largo de sus páginas, descubrirás no solo cómo utilizar las diversas herramientas que ofrece PowerPoint, sino también cómo pensar críticamente sobre tus presentaciones, cómo adaptarte a diferentes audiencias y cómo innovar en tus enfoques. Ya seas un principiante buscando familiarizarte con el programa o un usuario experimentado buscando perfeccionar tus habilidades, este libro te guiará, paso a paso, a medida que descubres el verdadero potencial de tus presentaciones.

HERRAMIENTAS DE POWERPOINT

En el mundo académico y profesional de hoy en día, la habilidad de crear presentaciones efectivas es fundamental. Las presentaciones visuales son una herramienta poderosa para transmitir información de manera clara y persuasiva. Microsoft PowerPoint, una aplicación de software ampliamente utilizada en todo el mundo, se ha convertido en una piedra angular en la creación de presentaciones exitosas. Este primer capítulo, titulado "Herramientas de PowerPoint", marca el inicio de un viaje que llevará a nuestros lectores desde el nivel de conocimiento cero hasta el dominio de esta herramienta vital.

Objetivo de la lección

Guiar a nuestros lectores en su viaje para convertirse en expertos en el uso de PowerPoint. Está diseñado específicamente para aquellos que están dando sus primeros pasos en el mundo universitario y que pueden no tener experiencia previa con esta aplicación. A lo largo de las próximas páginas, los acompañaremos en un recorrido completo que abarca desde los conceptos básicos hasta las técnicas avanzadas, permitiéndoles adquirir un conjunto de habilidades sólido y valioso.

 **Componente**

Componente docente

Conceptos Básicos de Herramientas de Presentación.

¿Qué es una presentación?

Una presentación se define como un medio estructurado para comunicar información visual y verbalmente a una audiencia específica. Es una herramienta poderosa que permite a los presentadores transmitir ideas, compartir conocimientos y persuadir a sus audiencias de manera efectiva. Las presentaciones pueden tomar diversas formas, desde charlas orales hasta informes visuales, y se utilizan en una amplia gama de situaciones, como conferencias académicas, reuniones de negocios, clases magistrales y presentaciones de proyectos.

Ejemplo: Imagina que eres un estudiante y tu tarea es dar una presentación en la clase sobre un viaje que hiciste durante las vacaciones de verano. Tienes fotos, mapas y anécdotas emocionantes que quieres compartir con tus compañeros de clase. Una presentación sería la forma perfecta de hacerlo.

El propósito de una presentación

El propósito fundamental de una presentación es comunicar información de manera efectiva. Proporciona una estructura que permite a los presentadores organizar sus ideas de manera lógica y coherente, lo que facilita la comprensión y la retención por parte de la audiencia. Además, una presentación tiene el poder de capturar la atención de la audiencia y mantenerla comprometida, lo que es esencial para lograr los objetivos de comunicación.

La versatilidad de las presentaciones

Una de las características más notables de las presentaciones es su versatilidad. Pueden utilizarse en una variedad de contextos, desde la educación hasta los negocios y más allá. En el entorno académico, los profesores las emplean para enseñar conceptos complejos de manera visual y atractiva. En el mundo empresarial, las presentaciones son herramientas clave para comunicar estrategias, informes de progreso y propuestas comerciales. Además, en el ámbito de la investigación, se utilizan para compartir descubrimientos y avances científicos.

Interfaz de PowerPoint

La interfaz de PowerPoint es la ventana principal que se presenta al abrir el programa. Está organizada en tres áreas principales que son esenciales para comprender y utilizar eficazmente esta herramienta de presentación:

La cinta de opciones: contiene los comandos y opciones para crear y diseñar diapositivas.

El panel de diapositivas: muestra una vista previa de todas las diapositivas de la presentación.

El espacio de trabajo: es el área principal donde se crea y edita el contenido de las diapositivas.

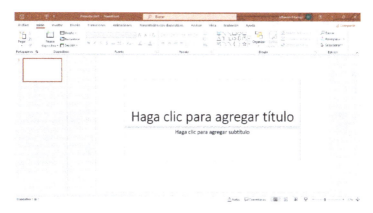

La cinta de opciones

La cinta de opciones es la barra de herramientas principal de PowerPoint. Está organizada en pestañas, cada una de las cuales contiene comandos y opciones específicas para realizar tareas relacionadas con la creación y el diseño de diapositivas.

Las pestañas de la cinta de opciones son las siguientes:

Inicio: Aquí se encuentran comandos para crear y editar texto, imágenes y gráficos, lo que permite dar forma a la apariencia y el contenido de las diapositivas.

Insertar: Esta pestaña contiene comandos para insertar una variedad de objetos, como imágenes, gráficos, tablas y formas, en las diapositivas.

Diseño: En esta sección, los usuarios pueden dar formato a las diapositivas, lo que incluye opciones para cambiar el color de fondo, el diseño de la diapositiva o el tamaño del texto.

Transiciones: Esta pestaña permite agregar efectos de transición entre las diapositivas, lo que crea una experiencia de visualización más dinámica durante la presentación.

Animación: Aquí se encuentran comandos para agregar efectos visuales a las diapositivas, como animaciones de objetos y elementos.

Presentación con Diapositivas: Esta pestaña ofrece opciones para iniciar y configurar la presentación, lo que permite al presentador mostrar las

diapositivas al público.

Revisar: Esta pestaña incluye comandos para revisar la ortografía, la gramática y el diseño de las diapositivas, garantizando su precisión y efectividad.

Vista: La pestaña de Vista permite cambiar la vista de las diapositivas y ajustar cómo se muestra la presentación al público.

Grabaciones: Esta pestaña proporciona herramientas para grabar la presentación, lo que es útil para crear contenido multimedia.

Ayuda: La pestaña de Ayuda ofrece recursos y asistencia para resolver preguntas y problemas relacionados con PowerPoint.

El panel de diapositivas

El panel de diapositivas muestra una vista previa de todas las diapositivas de la presentación. Este panel permite a los usuarios navegar de manera fácil y rápida por las diapositivas, agregar nuevas diapositivas o eliminar diapositivas existentes. Es una herramienta esencial para organizar y gestionar la estructura de la presentación.

El espacio de trabajo

El espacio de trabajo es el área principal donde los usuarios crean y editan el contenido de las diapositivas. Aquí es donde pueden agregar y modificar texto, imágenes, gráficos, tablas y formas. El espacio de trabajo es el lienzo digital donde las ideas toman forma y se convierten en diapositivas profesionales y efectivas.

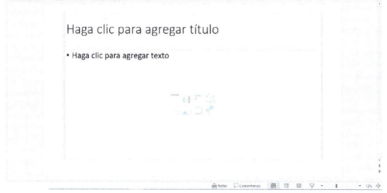

Desarrollo adicional

Además de comprender estas áreas principales de la interfaz, existen consejos clave para utilizar la interfaz de PowerPoint de manera efectiva:

Personalización de la cinta de opciones: Los usuarios pueden personalizar la cinta de opciones para adaptarla a sus necesidades específicas, agregando o eliminando pestañas y comandos según sus preferencias. Solo haz clic derecho al final de la cinta de opciones y se te desplegará el panel.

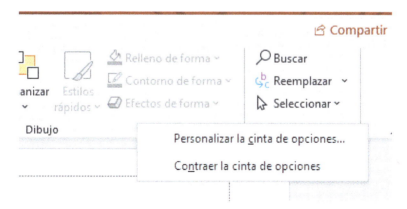

Uso del panel de diapositivas: El panel de diapositivas es una herramienta útil para la navegación y la gestión de las diapositivas. Permite a los usuarios moverse de manera eficiente a través de la presentación y agregar o eliminar diapositivas según sea necesario.

Aprovechamiento del espacio de trabajo: El espacio de trabajo es donde la creatividad se desata. Los usuarios pueden agregar y dar forma a su contenido aquí, creando presentaciones visualmente impactantes y efectivas.

La interfaz de PowerPoint es una herramienta poderosa que puede ayudarlo a crear presentaciones efectivas. Al aprender a usar la interfaz de PowerPoint, podrá aprovechar al máximo las herramientas y funciones del programa.

Plantillas Prediseñadas

Las plantillas prediseñadas son como modelos listos para usar que hacen que crear presentaciones sea rápido y sencillo. Imagina que son como la base de una casa en la que solo necesitas agregar tu propio toque personal.

Desarrollo:

Las plantillas prediseñadas se encuentran en la Galería de Plantillas de PowerPoint. Para usar una plantilla:

Abre la presentación a la que quieres aplicar la plantilla.
1. Haz clic en "Insertar" en la parte superior.
2. Luego, selecciona "Plantillas" en la lista.
3. Escoge la plantilla que te guste de la galería.

Puedes incluso hacer tus propias plantillas personalizadas. Por ejemplo, si siempre usas un diseño especial para tus presentaciones, puedes crear una plantilla personalizada para usarla una y otra vez.

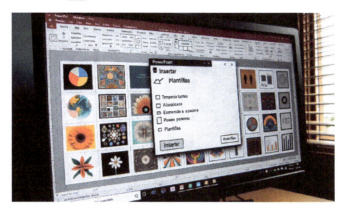

Hipervínculos

Los hipervínculos son como enlaces mágicos que te llevan de una parte de tu presentación a otra o incluso a lugares en línea. Piensa en ellos como ventanas secretas que te llevan a diferentes habitaciones.

Desarrollo:

Para agregar un hipervínculo a una diapositiva:

Selecciona el texto o el objeto al que quieres agregar el hipervínculo.

1. Haz clic en "Insertar" en la parte superior.
2. Luego, selecciona "Hipervínculo".
3. Especifica dónde quieres que te lleve el hipervínculo.

¡También puedes usar hipervínculos para abrir archivos, páginas web o enviar correos electrónicos!

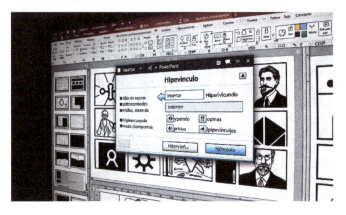

Transiciones y Animaciones

Las transiciones y animaciones son como trucos especiales que hacen que tu presentación sea más interesante. Las transiciones son como las puertas entre las diapositivas, y las animaciones son como movimientos mágicos en las diapositivas.

Desarrollo:

Para agregar una transición entre diapositivas:

1. Ve a la pestaña " Transiciones ".
2. Elige la transición que te guste.
3. Puedes incluso ajustar cuánto dura.
4. Desarrollo Adicional:

Si quieres que objetos en tus diapositivas se muevan o cambien, puedes agregar animaciones. Por ejemplo, puedes hacer que una imagen aparezca lentamente o que un texto se desplace.

Las plantillas prediseñadas, los hipervínculos, las transiciones y las animaciones son herramientas divertidas que hacen que tus presentaciones sean más atractivas. Pero recuerda usarlas con moderación para que tu presentación se vea genial, ¡no abrumada!

 **Componente**

Componente practico

Ejercicio 1

Creación de una Presentación con Plantilla Prediseñada

Objetivo: Aprender a crear una presentación utilizando una plantilla prediseñada en PowerPoint.

Pasos:

1. Abre Microsoft PowerPoint en tu computadora.

2. Haz clic en "Archivo" y selecciona "Nuevo" para iniciar una nueva presentación.

3. En la ventana de "Nuevo", verás una variedad de plantillas prediseñadas disponibles. Escoge una plantilla que se adapte al tema de tu presentación. Por ejemplo, si estás haciendo una presentación sobre la historia, elige una plantilla con un diseño

histórico.

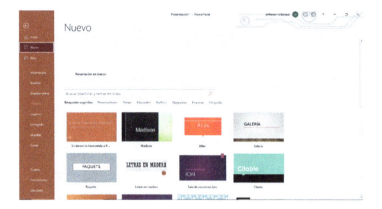

4. Una vez que hayas seleccionado la plantilla, haz clic en "Crear" o "Aceptar". PowerPoint creará una nueva presentación basada en la plantilla que elegiste.

5. Ahora, puedes comenzar a agregar tu contenido a las diapositivas. Haz clic en una diapositiva y comienza a escribir tu título y contenido en los cuadros de texto proporcionados por la plantilla.

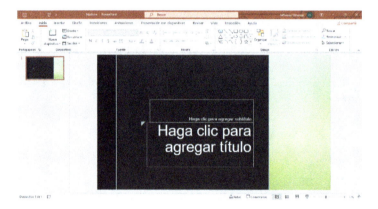

6. Personaliza las diapositivas agregando imágenes, gráficos o elementos multimedia según sea necesario. Para hacerlo, simplemente haz clic en los espacios reservados de la plantilla y sigue las indicaciones para insertar tus propios elementos visuales.

7. Continúa editando y personalizando las diapositivas según tu contenido.

8. Cuando hayas terminado de crear tu presentación, ve a "Archivo" y selecciona "Guardar como" y después "Examinar". Elige una ubicación para guardar tu presentación y dale un nombre significativo.

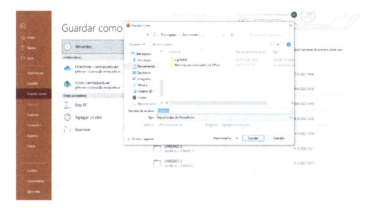

Ejercicio 2

Agregar Hipervínculos a tu Presentación

Objetivo: Aprender a agregar hipervínculos a diapositivas específicas en una presentación de PowerPoint.

Pasos:

1. Abre la presentación de PowerPoint que creaste en el ejercicio anterior.

2. Identifica una diapositiva en la que desees agregar un hipervínculo. Por ejemplo, podrías tener una diapositiva sobre "Más información" y querrías enlazarla a un sitio web relevante.

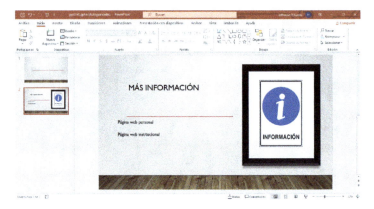

3. Selecciona el texto o el objeto en la diapositiva al que deseas agregar el hipervínculo.

4. En la pestaña "Insertar" en la parte superior de la pantalla, haz clic en "Hipervínculo". Se abrirá un cuadro de diálogo.

5. En el cuadro de diálogo "Insertar hipervínculo", tienes varias opciones. Puedes enlazar a una página web, a otra diapositiva en la presentación, a un archivo o a una dirección de correo electrónico. Elige la opción que mejor se adapte a tu caso.

6. Si eliges enlazar a una página web, ingresa la URL completa en el campo provisto. Si enlazas a otra diapositiva o archivo, busca y selecciona la diapositiva o archivo relevante en tu computadora.

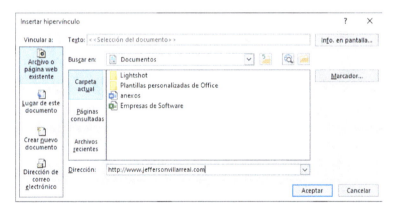

7. Haz clic en "Aceptar" para crear el hipervínculo.

8. Ahora, cuando presentes tu diapositiva, podrás hacer clic en el texto u objeto vinculado y se abrirá la página web o el archivo correspondiente.

9. Repite estos pasos para agregar hipervínculos adicionales en otras diapositivas si es necesario.

¡Has aprendido a enlazar diapositivas y contenido web en tu presentación de PowerPoint!

 # Componente

Componente Autónomo

Ejercicio 1

Descripción: En este ejercicio, el lector dará sus primeros pasos en PowerPoint. Se le guiará a través del proceso básico de crear una presentación desde cero. Al final, tendrá una presentación simple pero bien estructurada que habrá creado con sus propias manos.

Conceptos Básicos de Herramientas de Presentación

- Abre PowerPoint y crea una nueva presentación en blanco.
- Agrega una diapositiva de título y otra de contenido.
- Escribe un título en la primera diapositiva y algunos puntos clave en la segunda.
- Cambia el diseño de la segunda diapositiva a uno que muestre solo un título y texto.
- Guarda la presentación con un nombre relevante.

Ejercicio 2

Descripción: En este ejercicio, el lector se sumergirá en el arte de enfatizar la información en una presentación. Al explorar cómo cambiar el formato del texto, descubrirá cómo resaltar puntos clave y hacer que su contenido destaque y capture la atención del público.

Importancia de las Herramientas en las Presentaciones

- Crea una nueva presentación en blanco.
- Agrega una diapositiva de título y otra de contenido.
- Escribe un título y algunos puntos clave en la segunda diapositiva.
- Cambia el formato de texto en la segunda diapositiva para resaltar la importancia de la información.
- Guarda la presentación.

Ejercicio 3

Descripción: En este ejercicio, el lector se familiarizará con la interfaz principal de PowerPoint. Descubrirá las múltiples pestañas de la cinta de opciones y conocerá sus funciones esenciales. Además, experimentará con la personalización de diapositivas para darles su toque personal.

Interfaz de PowerPoint

- Abre una presentación en blanco.
- Explora las pestañas de la cinta de opciones y describe brevemente la función de cada una.
- Agrega una diapositiva de título y una de contenido.
- Personaliza el fondo de la diapositiva de título cambiando el color.
- Guarda la presentación con un nombre único.

Ejercicio 4

Descripción: Este ejercicio guía al lector a través del uso de plantillas prediseñadas en PowerPoint. Se le mostrará cómo seleccionar y personalizar una plantilla para adaptarla a sus necesidades específicas, permitiéndole crear presentaciones profesionales con facilidad y rapidez.

Plantillas Prediseñadas

- Crea una nueva presentación en blanco.

- Selecciona una plantilla prediseñada que te guste desde la galería de plantillas.
- Personaliza los colores de la plantilla.
- Agrega tres diapositivas con contenido relevante.
- Guarda la presentación con un nombre diferente al ejercicio anterior.

Ejercicio 5

Descripción: En este ejercicio, el lector descubrirá la magia de los hipervínculos en PowerPoint. Aprenderá cómo crear enlaces dentro de su presentación que lo lleven a sitios web o a otras diapositivas, permitiéndole navegar de manera interactiva y dinámica.

Hipervínculos
- Abre una presentación en blanco.
- Escribe "Página de inicio" en una diapositiva y crea un hipervínculo que abra tu navegador web en la página de inicio.
- Escribe "Diapositiva 2" en otra diapositiva y crea un hipervínculo que te lleve a la segunda diapositiva de la presentación.
- Prueba los hipervínculos para asegurarte de que funcionen correctamente.
- Guarda la presentación con los hipervínculos.

Ejercicio 6

Descripción: En este ejercicio, el lector se sumergirá en el mundo de las transiciones y animaciones en PowerPoint. Descubrirá cómo dar vida a sus diapositivas con movimientos y efectos fluidos, haciendo que su presentación sea más interactiva y visualmente atractiva.

Transiciones y Animaciones
- Abre una presentación existente o crea una nueva.
- Agrega cinco diapositivas con contenido variado.
- Aplica diferentes efectos de transición a cada diapositiva.
- Ajusta la velocidad de las transiciones para que sean diferentes en cada diapositiva.
- Reproduce la presentación para ver cómo se ven las

transiciones.

HERRAMIENTAS AVANZADAS Y ASPECTOS FUNDAMENTALES

La habilidad de crear y personalizar presentaciones efectivas es esencial en el ámbito académico, profesional y personal. PowerPoint es una de las herramientas más populares y versátiles para este propósito. Sin embargo, con la amplia gama de características y opciones disponibles, puede ser desafiante saber cómo y cuándo usar cada una de ellas, especialmente cuando se quiere reflejar la rica cultura y diversidad de un país como Ecuador. En el siguiente texto, se proporciona una guía comprensiva que aborda diferentes componentes del diseño en PowerPoint, desde la personalización de temas y diseños hasta la integración de multimedia y consejos para evitar el exceso de animaciones. Además, se incluye un componente práctico con ejercicios específicos para consolidar el aprendizaje y un componente autónomo que invita al lector a experimentar y practicar de manera independiente.

Objetivo de la lección

Proporcionar una guía exhaustiva y práctica para diseñar presentaciones efectivas en PowerPoint, enfatizando la personalización, integración de multimedia y optimización de animaciones. A través de instrucciones detalladas y ejercicios prácticos, se pretende reflejar la rica cultura y biodiversidad de Ecuador, empoderando al lector con las herramientas y técnicas necesarias para crear presentaciones visualmente atractivas y comunicativamente impactantes.

 Componente

Componente docente

Opciones Avanzadas de Diseño

Personalizar temas y diseños

La personalización de temas y diseños en PowerPoint no solo mejora la estética de una presentación, sino que también ayuda a comunicar de manera efectiva el mensaje y a conectar con la audiencia. A continuación, te proporcionamos una guía detallada con ejemplos prácticos.

Personalizar temas

Los temas son conjuntos predefinidos de colores, fuentes y efectos. Adaptarlos a tu gusto o al de tu audiencia puede marcar una gran diferencia.

Ejemplo:

Supongamos que estás presentando un informe anual a la junta directiva de una empresa de juguetes para niños. Un tema colorido, con fuentes juguetonas, puede no ser apropiado para una reunión formal, pero podría ser ideal si estás presentando un nuevo concepto de juguete a un equipo de diseño.

Personalizar diseños

Los diseños determinan la disposición de los elementos en una diapositiva, como títulos, imágenes y texto.

Ejemplo:

Si estás creando una presentación para un taller de fotografía, puedes personalizar un diseño para que tenga un espacio grande en cada diapositiva donde puedas mostrar ejemplos de fotos, y un pequeño espacio para notas o descripciones.

Cambiar el tamaño y la ubicación de los objetos

La manera en que se posicionan y se dimensionan los objetos en una diapositiva puede afectar la legibilidad y el flujo de la presentación.

Ejemplo:

Imagina que estás mostrando un gráfico de barras que compara las ventas mensuales de un año. Si tienes un gráfico grande y un título pequeño en la parte superior, el gráfico será el foco principal. Pero, si reduces el gráfico y agregas un comentario detallado a un lado, el enfoque se desplazará hacia el análisis y no solo hacia los datos.

Consejos adicionales:

Consistencia: Asegúrate de que cualquier personalización que hagas se aplique de manera coherente en toda la presentación. Esto no solo se ve profesional, sino que también facilita la comprensión de la audiencia.

Menos, es más: A veces, la simplicidad puede ser más efectiva que una diapositiva sobrecargada de elementos.

Prueba y recopila comentarios: Antes de la presentación final, muestra tu diseño personalizado a colegas o amigos para obtener retroalimentación.

Al personalizar temas y diseños de acuerdo con el propósito de tu presentación y tu audiencia, no solo estás mejorando el aspecto estético, sino también la eficacia de tu comunicación. ¡Haz que cada diapositiva cuente!

Agregar efectos de texto y gráficos

Incorporar efectos de texto y gráficos en tus presentaciones puede incrementar su atractivo visual, pero es crucial usarlos con discernimiento. A continuación, te ofrecemos una guía detallada con ejemplos prácticos sobre cómo y cuándo usar estos efectos.

Efectos de texto

El texto es un elemento esencial en cualquier presentación. Darle vida con diferentes efectos puede hacer que destaque y sea más memorable.

Ejemplo:

Si estás presentando un nuevo producto en una conferencia y deseas destacar sus características principales, puedes usar un color de texto diferente o una fuente en negrita para esas características específicas.

Efectos gráficos

Los gráficos son una excelente manera de representar datos e información de manera visual. Agregar efectos a estos gráficos puede mejorar la comprensión y el interés del público.

Ejemplo:

Si estás mostrando las estadísticas de crecimiento de una empresa, podrías usar sombras o reflejos en las barras del gráfico para destacar los meses con el crecimiento más significativo.

Cómo agregar efectos

Para el texto: Selecciona el texto que deseas modificar, dirígete a la pestaña "Inicio", y en el grupo "Fuente", encontrarás opciones para cambiar el color, el estilo y aplicar diversos efectos.

Para gráficos: Selecciona el gráfico, ve a la pestaña "Formato de imagen", encontrarás variadas opciones para personalizar tu gráfico.

Consejos adicionales:

Equilibrio: Si bien los efectos pueden hacer que tu presentación destaque, usar demasiados puede distraer y confundir a la audiencia. Encuentra un equilibrio.

Coherencia: Si decides usar un efecto específico, trata de mantenerlo coherente en toda la presentación para evitar un diseño desordenado.

Adecuado a la audiencia: Considera a quién va dirigida tu presentación.

Un grupo de ejecutivos podría preferir algo más formal, mientras que un público más joven podría apreciar efectos más dinámicos y coloridos.

Ejemplos prácticos:

Títulos y subtítulos: Usa efectos sutiles en los títulos y subtítulos para diferenciarlos del contenido principal.
Datos importantes: Si hay una cifra o dato que deseas que el público recuerde, considera usar un efecto para que destaque.
Interactividad: En presentaciones interactivas, considera usar efectos para señalar dónde debe hacer clic el público o qué sección viene a continuación.

Usar efectos de texto y gráficos adecuadamente puede elevar la calidad de tu presentación, haciendo que sea más atractiva y efectiva. Recuerda siempre adaptarlos al contenido y a la audiencia para lograr el impacto deseado.

Usar herramientas de dibujo

Las herramientas de dibujo en aplicaciones como PowerPoint son esenciales para personalizar y mejorar visualmente tus presentaciones. Estas herramientas te permiten crear ilustraciones, destacar información y añadir un toque personal. A continuación, te ofrecemos una guía detallada sobre cómo utilizar estas herramientas con ejemplos prácticos.

Formas

Las formas básicas pueden ser utilizadas para diversos propósitos, desde crear diagramas hasta resaltar información. Pueden encontrarte en el menú Insertar y Formas o en el menú Dibujo y Formas, dependiendo de la versión del programa.

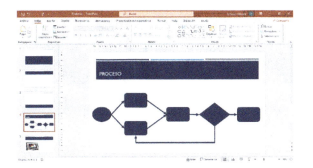

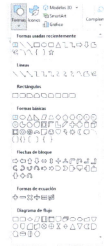

Ejemplo:

Si deseas mostrar el proceso de un proyecto, puedes usar rectángulos para las etapas principales y flechas para indicar la secuencia.

Líneas

Las líneas son útiles para separar contenido, dirigir la atención o incluso crear diagramas sencillos.

Ejemplo:

En una diapositiva que muestra los beneficios de un producto, puedes usar líneas para conectar cada beneficio con una imagen correspondiente.

Dibujos personalizados

Crear dibujos personalizados te da la libertad de diseñar ilustraciones específicas según las necesidades de tu presentación.

Ejemplo:

Si estás presentando sobre la conservación del medio ambiente, podrías dibujar un árbol con ramas que representen diferentes áreas, como "reciclaje", "energía verde" y "conservación del agua".

Cómo usar las herramientas de dibujo:

Formas y líneas: Ve a la pestaña "Insertar" y en el grupo "Ilustraciones", elige "Formas". A continuación, selecciona la forma o línea deseada y dibújala en la diapositiva.

Dibujos personalizados: En la misma sección "Ilustraciones", opta por

"Lápiz" o "Dibujo a mano alzada" y comienza a crear tu diseño personalizado.

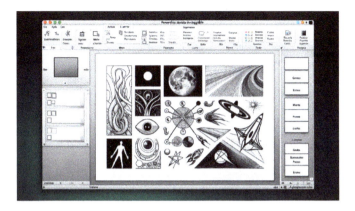

Consejos adicionales:

Consistencia: Si decides usar una paleta de colores o un estilo específico, asegúrate de ser consistente en toda la presentación.

Simplicidad: Aunque las herramientas de dibujo te ofrecen muchas opciones, a veces, menos, es más. Evita diseños demasiado complicados que puedan confundir o distraer a la audiencia.

Uso de plantillas: Si no te sientes cómodo dibujando, considera usar plantillas o imágenes prediseñadas y personalízalas según tus necesidades.

Ejemplos prácticos:

Diagramas y gráficos: Usa formas y líneas para crear diagramas que expliquen conceptos complejos de manera visual.

Resaltar información: Dibuja un círculo o un cuadro alrededor de puntos clave para resaltarlos.

Notas y anotaciones: Usa la herramienta de lápiz para añadir notas o anotaciones durante la presentación, especialmente si es interactiva.

Al dominar las herramientas de dibujo, podrás hacer que tus presentaciones sean más visuales, interactivas y adaptadas a tus necesidades específicas. Con práctica y creatividad, estas herramientas se convertirán en aliadas esenciales para comunicar tus ideas de manera efectiva.

Integración de Multimedia: Imágenes, Videos y Sonidos

Agregar imágenes y videos

Las imágenes y los videos son esenciales para realzar la presentación y captar la atención del público. En el contexto ecuatoriano, aprovechando su rica cultura, biodiversidad y paisajes, aquí te brindamos una guía sobre cómo incorporar estos elementos de manera efectiva.

Imágenes

Las imágenes pueden transportar a la audiencia a lugares y momentos específicos, proporcionando un contexto visual para tu presentación.

Ejemplo práctico:

Si estás presentando sobre la diversidad geográfica del Ecuador, puedes insertar imágenes del majestuoso volcán Cotopaxi, la selva amazónica o las hermosas Islas Galápagos.

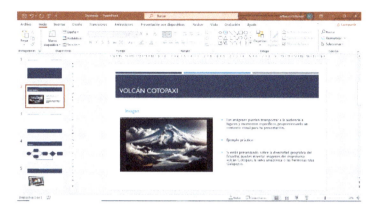

Videos

Los videos pueden ofrecer una visión más dinámica y enriquecedora de un tema en particular.

Ejemplo práctico:

Si tu tema es sobre las tradiciones culturales del Ecuador, un video mostrando una danza tradicional de Otavalo o un festival en Cuenca puede ser sumamente ilustrativo.

Cómo agregar imágenes y videos:

Imágenes: Ve a la pestaña "Insertar", luego al grupo "Imágenes" y selecciona "Imagen". Desde aquí, puedes elegir la imagen deseada desde tu dispositivo.

Videos: En la pestaña "Insertar", ve al grupo "Medios" y elige "Video". Puedes insertar un video desde tu computadora o desde sitios en línea.

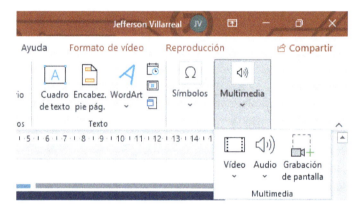

Ajustar y personalizar:

Tamaño y posición: Una vez insertada la imagen o video, utiliza los controles en las esquinas para ajustar el tamaño. Puedes arrastrar el medio para cambiar su posición.

Formato: Al seleccionar tu imagen o video, aparecerá la pestaña "Formato". Aquí puedes ajustar aspectos como el brillo, contraste y aplicar diferentes estilos.

Antes:

Despues:

Consejos adicionales:

Calidad: Asegúrate de que las imágenes y videos tengan buena resolución, especialmente si se proyectarán en pantallas grandes.
Duración: Los videos no deberían ser demasiado extensos para mantener el interés de la audiencia.
Derechos de autor: Es vital asegurarte de tener los derechos para usar las imágenes y videos, evitando problemas legales.

Ejemplos prácticos adicionales:

Biodiversidad: Inserta imágenes o videos que muestren la rica fauna de las Islas Galápagos, como las iguanas marinas o los pinzones.
Cultura: Usa videos que muestren festividades tradicionales, como la "Diablada Pillareña" o el "Inti Raymi".
Historia: Incorpora imágenes de lugares históricos como Ingapirca o el

centro histórico de Quito, declarado Patrimonio de la Humanidad por la UNESCO.

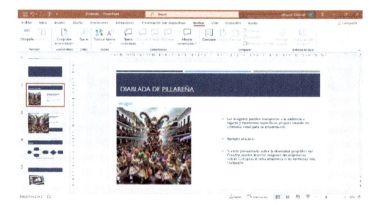

Incorporando adecuadamente imágenes y videos relacionados con el Ecuador, tu presentación no solo será informativa sino también visualmente cautivadora, permitiendo que tu audiencia conecte y comprenda mejor el contenido.

Agregar sonidos

El sonido es una herramienta poderosa que puede mejorar significativamente la experiencia de una presentación, especialmente cuando se relaciona con el contexto cultural y ambiental del Ecuador.

Sonidos

Los sonidos pueden evocar emociones, establecer un ambiente o proporcionar un contexto audito a la audiencia.

Ejemplo práctico:

Si estás presentando sobre la biodiversidad del Ecuador, un sonido de fondo de la selva amazónica, con aves y animales, puede transportar a la audiencia al corazón de la selva.

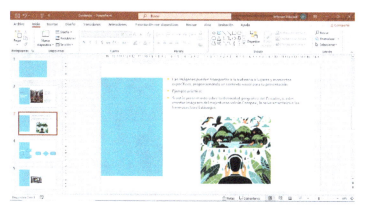

Cómo agregar sonidos:

- Ve a la pestaña "Insertar".
- En el grupo "Medios", selecciona "Sonido".
- Elige el archivo de sonido que deseas insertar desde tu dispositivo.
- Una vez insertado, puedes ajustar el volumen, la duración y otros aspectos del sonido desde la pestaña "Reproducción" que aparecerá.

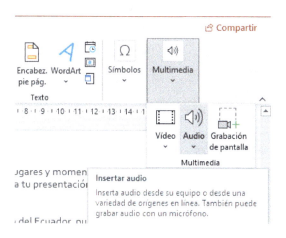

Consejos adicionales:

Relevancia: Asegúrate de que el sonido sea relevante para el contenido de tu presentación.

Calidad: Utiliza grabaciones de alta calidad para evitar sonidos

distorsionados o de baja calidad.

Derechos de autor: Al igual que con imágenes y videos, asegúrate de tener los derechos para usar los sonidos o utiliza grabaciones libres de derechos.

Ejemplos prácticos adicionales:

Música tradicional: Si estás hablando sobre la cultura ecuatoriana, la música tradicional, como el pasillo, sanjuanito o yaraví, puede ser una excelente adición.

Sonidos de la ciudad: Para temas relacionados con la vida urbana en Quito, Guayaquil o Cuenca, puedes incorporar sonidos de tráfico, mercados o festivales.

Ambientes naturales: Si tu presentación trata sobre los Andes, la Amazonía o las costas, los sonidos de ríos, animales y olas pueden ser sumamente efectivos.

Aprovechar los sonidos relacionados con el Ecuador en tu presentación puede ofrecer una experiencia inmersiva, permitiendo que la audiencia conecte a nivel auditivo con el contenido presentado. Recuerda siempre equilibrar y no saturar para que la información principal siga siendo el foco.

Consejos para Evitar el Exceso de Animaciones y Efectos Visuales

Las animaciones y efectos visuales pueden brindar dinamismo y realzar tus presentaciones, pero, como en cualquier otra herramienta, el uso excesivo puede opacar el contenido principal y distraer a la audiencia. Esto es especialmente relevante cuando se presenta contenido relacionado con la rica cultura y tradiciones del Ecuador. A continuación, te ofrecemos algunos consejos y ejemplos prácticos centrados en el contexto ecuatoriano:

1. Priorizar el contenido:

Consejo: Las animaciones y efectos visuales deben complementar el contenido, no reemplazarlo.

Ejemplo práctico: Si estás presentando sobre la biodiversidad de Galápagos, no permitas que los efectos visuales opaquen las impresionantes imágenes de la fauna y flora endémica.

2. Animaciones sencillas:

Consejo: Usa animaciones simples y consistentes a lo largo de la presentación para evitar confundir o abrumar a la audiencia.

Ejemplo práctico: Al hablar sobre las diferentes regiones del Ecuador (Costa, Sierra, Oriente, y Galápagos), utiliza la misma animación de transición entre diapositivas para mantener una coherencia visual.

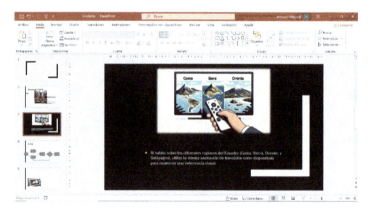

3. Evitar redundancias:

Consejo: No utilices simultáneamente múltiples efectos en un solo elemento.
Ejemplo práctico: Al mostrar una imagen del Chimborazo, no es necesario aplicar un zoom, una rotación y un efecto de brillo simultáneamente. Un sutil efecto de desvanecimiento puede ser suficiente.

| Inicio | Insertar | Diseño | Transiciones | **Animaciones** | Presentación con diapositivas | Revisar |

Ninguna — Aparecer — **Desvanecer** — Desplazar h... — Flotar hacia... — Dividir — Barrido — Opciones de efectos

Animación

📖 **Chimborazo**

- Consulte la sección de notas abajo para obtener instrucciones sobre este tema.

4. Menos, es más:

Consejo: No todas las diapositivas o elementos necesitan animaciones. Evalúa cuándo es realmente necesario.
Ejemplo práctico: Si estás presentando un gráfico sobre la economía ecuatoriana, una simple aparición del gráfico puede ser más efectiva que animar cada componente individualmente.

Economía

- Consulte la sección de notas abajo para obtener instrucciones sobre este tema.

5. Prueba con una audiencia:

Consejo: Antes de presentar a una audiencia más amplia, muestra tu

presentación a un pequeño grupo para obtener retroalimentación sobre las animaciones y efectos visuales.

Ejemplo práctico: Si estás preparando una presentación sobre el Inti Raymi, festival incaico celebrado en el Ecuador, pide a colegas o amigos que te den su opinión sobre si las animaciones enriquecen o distraen del contenido principal.

6. Tiempo de animaciones:

Consejo: Asegúrate de que las animaciones no sean demasiado rápidas o demasiado lentas.

Ejemplo práctico: Al presentar sobre la elaboración de sombreros de paja toquilla en Cuenca, si tienes una animación que muestra el proceso, verifica que no sea tan rápida que la audiencia no pueda seguir cada paso, ni tan lenta que pierdan el interés.

7. Fomenta la coherencia:

Consejo: Mantén un estilo coherente en términos de colores, fuentes y animaciones.

Ejemplo práctico: Si estás usando colores tierra para reflejar la paleta del paisaje andino, asegúrate de que los efectos visuales y animaciones no introduzcan colores brillantes o neón que rompan con esa armonía.

Al seguir estos consejos, podrás garantizar que las animaciones y efectos visuales en tus presentaciones realcen y complementen el contenido, en lugar de desviar la atención, permitiéndote presentar de manera efectiva la rica diversidad y cultura del Ecuador.

Componente

Componente practico

Ejercicio 1:
Creación de una Diapositiva con Tema Personalizado y Efectos de Texto

Objetivo: Familiarizarse con las herramientas avanzadas de diseño y aprender a personalizar temas y agregar efectos de texto.

Pasos:

1. Abrir PowerPoint y crear una nueva presentación.

Personalizar el tema:

1. Haz clic en la pestaña "Diseño".
2. En el grupo "Temas", selecciona un tema de tu elección.
3. Haz clic en "Colores" a la derecha de los temas y elige un esquema de colores que se adapte a tu tema.

Agregar título y subtítulo:

En la diapositiva principal, escribe un título y un subtítulo relacionados con un tema ecuatoriano, por ejemplo, "Diversidad Cultural de Ecuador".

Aplicar efectos de texto al título:

Selecciona el título.

1. Ve a la pestaña "Formato" y en el grupo "Estilos de WordArt", elige un efecto de tu elección.
2. Ajusta el tamaño y la posición según lo desees.

Guardar la presentación:

1. Haz clic en "Archivo" y luego en "Guardar" o "Guardar como".
2. Elige una ubicación y guarda tu archivo.

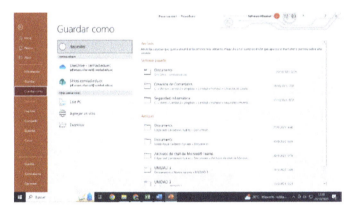

Explicación de la resolución: Al personalizar el tema y el esquema de colores, hemos creado una presentación que refleja de manera única el tema que hemos elegido. Los efectos de texto añaden un toque profesional y atractivo al título, destacándolo y haciendo que sea el punto focal de la diapositiva.

Ejercicio 2:
Integración de Multimedia - Agregar Imágenes y Sonidos

Objetivo: Aprender a integrar multimedia en una presentación,

específicamente imágenes y sonidos.

Pasos:

1. Abrir PowerPoint y crear una nueva presentación.

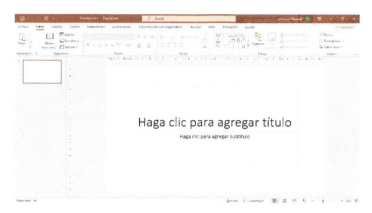

Agregar una imagen relacionada con Ecuador:

1. Haz clic en la pestaña "Insertar".
2. En el grupo "Imágenes", haz clic en "Imagen".
3. Navega y selecciona una imagen de tu elección (por ejemplo, una imagen de la Mitad del Mundo).

Ajusta el tamaño y la posición de la imagen en la diapositiva.

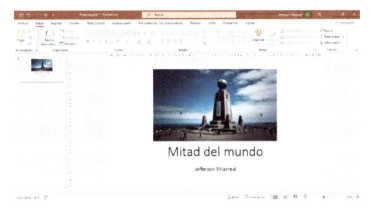

Agregar un sonido:

1. Vuelve a la pestaña "Insertar".
2. En el grupo "Medios", haz clic en "Audio".
3. Elige "Audio en mi PC" y selecciona un archivo de audio (por ejemplo, un clip de sonido de música tradicional ecuatoriana).

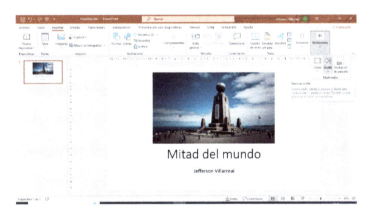

1. Un ícono de altavoz aparecerá en la diapositiva. Puedes hacer clic en "Reproducir" para escuchar el sonido.

Guardar la presentación:

1. Haz clic en "Archivo" y luego en "Guardar" o "Guardar como".
2. Elige una ubicación y guarda tu archivo.

Explicación de la resolución: Al agregar una imagen y un sonido, hemos enriquecido nuestra presentación, haciéndola más interactiva y atractiva para la audiencia. La combinación de elementos visuales y auditivos puede ayudar a mejorar la retención de la información y a mantener a la audiencia comprometida.

 **Componente**

Componente Autónomo

Ejercicio 1
Creación de una Presentación con Tema Personalizado

Objetivo: Familiarizarse con la personalización de temas en PowerPoint.

Pasos:

1. Abre PowerPoint y crea una nueva presentación.
2. Ve a la pestaña "Diseño".
3. En el grupo "Temas", explora y selecciona un tema que te guste.
4. Personaliza el esquema de colores y la fuente del tema seleccionado.
5. Guarda tu presentación.

Ejercicio 2

Diseño de Texto con Efectos Especiales

Objetivo: Aprender a agregar efectos de texto a la presentación.

Pasos:

1. En una nueva diapositiva, escribe un título y un subtítulo.
2. Selecciona el título y aplica un efecto de WordArt desde la pestaña "Formato".
3. Al subtítulo, aplícale un efecto de sombra o reflexión.
4. Guarda tu presentación.

Ejercicio 3

Diseño con Herramientas de Dibujo

Objetivo: Familiarizarse con las herramientas de dibujo de PowerPoint.

Pasos:

1. Ve a la pestaña "Insertar".

2. En el grupo "Formas", elige y dibuja tres formas diferentes.
3. Personaliza el color y el efecto de estas formas.
4. Con las herramientas de dibujo, conecta las formas con líneas de flecha.
5. Guarda tu presentación.

Ejercicio 4

Integración de Imágenes y Videos

Objetivo: Practicar la inserción de imágenes y videos en una presentación.

Pasos:

1. Inserta una imagen relacionada con un tema de tu elección.
2. Ajusta el tamaño y posición de la imagen.
3. En otra diapositiva, inserta un video corto.
4. Ajusta la configuración de reproducción del video para que comience automáticamente.
5. Guarda tu presentación.

Ejercicio 5

Incorporación y Administración de Sonido

Objetivo: Aprender a insertar y gestionar sonidos en la presentación.

Pasos:

1. Inserta un sonido o música de fondo para una diapositiva.
2. Ajusta la configuración del sonido para que se reproduzca en bucle.
3. En otra diapositiva, inserta un sonido que se reproduzca al hacer clic.
4. Guarda tu presentación.

Ejercicio 6

Control de Animaciones y Efectos Visuales

Objetivo: Practicar la incorporación de animaciones sin sobrecargar la presentación.

Pasos:

1. Añade una diapositiva con una lista de puntos.
2. Aplica una animación sencilla a cada punto para que aparezca uno tras otro.
3. En otra diapositiva con una imagen, aplica un efecto de transición sencillo.
4. Revise la presentación y asegúrese de que las animaciones y transiciones no distraigan.
5. Guarda tu presentación.

CREACIÓN DE UNA PRESENTACIÓN COMPLETA

En la sociedad actual, caracterizada por la rapidez de la información y la interconexión global, el arte de comunicar ideas de manera clara y atractiva se ha transformado en una habilidad indispensable. Las presentaciones se han consolidado como una herramienta clave en este panorama, sirviendo como puente entre el emisor y una audiencia diversa, ya sea en el ámbito académico, empresarial o incluso personal.

La unidad 3 de nuestro curso se ha diseñado meticulosamente para guiar a los estudiantes a través del complejo mundo de la creación de presentaciones impactantes. Esta unidad no solo se centra en las técnicas y herramientas de diseño en PowerPoint, sino que aborda la esencia de lo que hace que una presentación sea verdaderamente efectiva. Desde el profundo análisis de la audiencia y la clarificación de objetivos, hasta la maestría en el uso de gráficos, imágenes y patrones de diapositivas, cada sección ha sido diseñada para proporcionar un aprendizaje integral.

Al embarcarte en este viaje, no solo adquirirás habilidades técnicas, sino también una comprensión más profunda de cómo las presentaciones pueden ser utilizadas para influir, educar y motivar a las audiencias. Con ejemplos prácticos, consejos expertos y ejercicios interactivos, esta unidad te preparará para enfrentar cualquier desafío de presentación con confianza y creatividad.

Objetivo de la lección

Proporcionar a los estudiantes las herramientas y conocimientos necesarios para diseñar y ejecutar presentaciones efectivas, enfatizando la importancia de comprender a la audiencia, establecer objetivos claros y utilizar técnicas visuales y estructurales avanzadas en PowerPoint. Al final de esta unidad, los estudiantes serán capaces de integrar principios de diseño, técnicas de comunicación y estrategias de interacción para crear presentaciones que informen, inspiren y persuadan a diversas audiencias.

 ## Componente

Componente docente
Análisis de la Audiencia

Antes de aventurarte en la elaboración de una presentación, comprender a tu audiencia es esencial. El propósito de tu presentación puede ser claro para ti, pero ¿qué pasa con quienes escucharán? Asegurarte de que tu mensaje se alinee con las expectativas y el conocimiento previo de tu audiencia es fundamental para el éxito de tu presentación.

Factores a Considerar en el Análisis de la Audiencia:

Conocimiento del Tema: Es crucial determinar cuánto sabe tu audiencia sobre el tema central de tu presentación. Si no están familiarizados con el asunto, deberás incluir información básica y explicaciones detalladas.

Intereses de la Audiencia: Identifica los puntos de interés para tu audiencia. Si tu presentación conecta con sus pasiones o curiosidades, captarás su atención con mayor facilidad.

Objetivos de la Audiencia: ¿Qué esperan obtener al asistir a tu presentación? Comprender sus objetivos te permitirá estructurar tu presentación de una manera que los cumpla y los mantenga interesados.

Ejemplo:

Supongamos que estás preparando una presentación sobre tendencias actuales en marketing digital para estudiantes universitarios que están estudiando administración de empresas. Aunque están familiarizados con conceptos empresariales básicos, su conocimiento en marketing digital podría ser limitado. Por lo tanto, podrías comenzar con una introducción sobre qué es el marketing digital, seguido de ejemplos relevantes y casos de estudio que muestren cómo estas tendencias se aplican en el mundo real. Relacionar el contenido con marcas o plataformas que utilicen podría despertar su interés.

Técnicas para Analizar a la Audiencia:

Encuestas y Entrevistas: Estos instrumentos te proporcionarán información directa sobre lo que la audiencia espera y su nivel de conocimiento.

Observación Directa: Observar a tu audiencia en contextos similares puede ofrecer pistas sobre sus reacciones y áreas de interés.

Fuentes Secundarias: Utilizar información de plataformas digitales, publicaciones y otros medios para entender mejor a tu audiencia.

Consejos para un Análisis Efectivo:

Anticipación: Comienza tu análisis con tiempo. Esto te permitirá hacer ajustes y adaptaciones según lo que descubras.

Detallado: No te quedes en generalidades. Cuanto más específica sea la información sobre tu audiencia, mejor podrás adaptar tu presentación.

Adaptabilidad: Tu análisis puede evolucionar. Si descubres nueva información o el contexto cambia, no dudes en hacer ajustes a tu presentación.

Comprender a tu audiencia es la piedra angular para desarrollar una presentación efectiva. Un análisis adecuado te permitirá diseñar una presentación que no solo transmita tu mensaje, sino que también resuene y sea relevante para quienes te escuchan.

Establecimiento de Objetivos

Antes de sumergirse en la creación de una presentación, es esencial definir objetivos claros y precisos. Estos objetivos determinarán la dirección, contenido y enfoque de la presentación, y son fundamentales para garantizar que la presentación cumpla con su propósito y sea efectiva para la audiencia.

Aspectos Cruciales del Establecimiento de Objetivos:

1. Especificidad:

Cada objetivo debe ser concreto y específico. Por ejemplo, en lugar de establecer un objetivo vago como "Quiero que mi audiencia entienda el tema", es más efectivo decir "Quiero que mi audiencia identifique los tres principales factores que contribuyen al cambio climático".

2. Medición:

Los objetivos deben ser cuantificables. Así, se puede evaluar el progreso y éxito de la presentación. Un ejemplo sería "Quiero que el 80% de mi audiencia califique la presentación como informativa".

3. Alcanzabilidad:

Es fundamental que los objetivos sean realistas. Es mejor definir metas alcanzables que crear expectativas poco realistas que pueden generar frustración. En lugar de decir "Quiero que mi audiencia cambie el mundo", es más práctico establecer "Quiero que mi audiencia comprenda los beneficios de la energía solar".

4. Relevancia:

Los objetivos deben estar alineados con el propósito general de la presentación. Si la intención es informar sobre las últimas tendencias tecnológicas, el objetivo debe ser relevante a este fin.

5. Temporalidad:

Establecer un marco temporal claro para alcanzar los objetivos es crucial. Esto proporciona una sensación de urgencia y propósito. Un ejemplo sería "Al finalizar la presentación, la audiencia debería estar familiarizada con las principales ventajas de adoptar energías renovables".

Ejemplo:

Si se está presentando los beneficios de la energía solar a empresarios, los objetivos podrían ser:

Hacer que comprendan cómo la energía solar puede reducir sus costos operativos.
Que al menos el 80% de los asistentes califiquen la presentación como útil.
Proporcionar datos y estadísticas que respalden la eficiencia de la energía solar.
Motivar a al menos el 50% de los asistentes a considerar la implementación de soluciones solares en sus operaciones en el próximo año.

Pasos para Establecer Objetivos Efectivos:

1. **Definir el Propósito:** Identificar claramente lo que se desea lograr.
2. **Considerar a la Audiencia:** Conocer y entender las expectativas y nivel de conocimiento de la audiencia.
3. **Escribir los Objetivos:** Usar la técnica SMART (Específicos, Medibles, Alcanzables, Relevantes, Temporales) para redactarlos.
4. **Revisión y Ajuste:** Revisar los objetivos con regularidad para

asegurarse de que siguen siendo relevantes.

Los objetivos son el corazón de cualquier presentación. Proporcionan dirección, enfoque y un criterio de éxito. Al tomar el tiempo para establecer objetivos claros y bien definidos, se establece una base sólida para una presentación efectiva y significativa en PowerPoint.

Viñetas y Listas

En el mundo de las presentaciones, la estructura y la organización son fundamentales. Las viñetas y listas son herramientas esenciales en PowerPoint que permiten organizar información de manera clara y concisa. Al estar dirigido especialmente a aquellos que comienzan su travesía universitaria, este capítulo proporcionará una guía detallada sobre cómo utilizar eficazmente las viñetas y listas en PowerPoint.

El Poder de la Organización:

La organización visual es crucial para mantener la atención del público. Al presentar información en una lista o con viñetas, se facilita que la audiencia siga y comprenda los puntos clave que se están discutiendo. Las viñetas y listas proporcionan un medio para destacar y separar diferentes piezas de información, haciendo que la presentación sea más digestible.

Cómo Utilizar Viñetas y Listas en PowerPoint:

Insertar Viñetas y Listas: Después de escribir el texto en una diapositiva, se selecciona el texto y se hace clic en el botón de 'Viñetas' en la pestaña 'Inicio'. Si se prefiere una lista numerada, se opta por el botón 'Lista numerada'.

Personalización: PowerPoint ofrece una variedad de estilos de viñetas y listas. Se puede elegir entre diferentes símbolos, números y letras. Además, se pueden ajustar el tamaño, el color y el espaciado para que se adapten al diseño general de la presentación.

Jerarquía: Una de las ventajas de usar viñetas y listas en PowerPoint es la capacidad de establecer niveles de jerarquía. Al presionar 'Tab' en el teclado, se puede crear un subpunto, lo que ayuda a organizar la información de manera más estructurada.

- PowerPoint
  - Características principales
    - c Transiciones
    - c Animaciones
    - c Diseño de diapositivas
  - Herramientas
    - ➢ Insertar imágenes
    - ➢ Tablas y gráficos
    - ➢ SmartArt
  - Formatos de archivo
    - ❖ .pptx
    - ❖ .pptm
    - ❖ .ppsx

Ejemplos Prácticos de Uso de Viñetas y Listas:

Ejemplo 1: Si se presenta un proyecto de investigación, se puede estructurar la metodología en pasos utilizando una lista numerada:

1. Selección del tema
2. Revisión de literatura
3. Recolección de datos
4. Análisis
5. Conclusiones

Ejemplo 2: Al discutir las ventajas de un producto o servicio, las viñetas pueden ser útiles:

- Costo-efectivo

- Duradero
- Fácil de usar
- Atención al cliente excepcional

Errores Comunes al Usar Viñetas y Listas:

Sobrecargar la Diapositiva: Aunque las listas son útiles, se debe evitar incluir demasiada información en una sola diapositiva. Es mejor dividir la información en varias diapositivas para mantener la claridad.

Inconsistencia: Es vital mantener un estilo y formato consistentes a lo largo de la presentación para que se vea profesional.

Las viñetas y listas son herramientas poderosas en PowerPoint que, cuando se utilizan correctamente, pueden mejorar significativamente la calidad de una presentación. Permiten una estructura clara, resaltan la información crucial y facilitan la comprensión del público. Al dominar estas herramientas, se da un paso más hacia la creación de presentaciones impactantes y efectivas en PowerPoint.

Imágenes Efectivas

Criterios de Selección:

Claridad: La selección debe ser comprensible a primera vista.
Relevancia: Debe estar directamente relacionada con el contenido de la presentación.
Calidad: Optar por imágenes de alta resolución.

Personalización y Ajuste de Imágenes:

Tamaño y Recorte: Una vez insertada, la imagen puede ser redimensionada arrastrando sus esquinas. El recorte permite enfocarse en la parte esencial de la imagen.

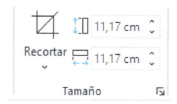

Estilos de Imágenes: Estos estilos preconfigurados facilitan cambios rápidos en el formato. Se encuentran en la pestaña 'Formato' bajo 'Estilos de imágenes'.

Borde de la Imagen: Se puede agregar un borde estilizado seleccionando la opción correspondiente en el grupo 'Bordes' en la pestaña 'Formato'.

Efectos de Imagen: Desde sombras hasta reflejos, estos efectos se encuentran en el grupo 'Efectos' en la pestaña 'Formato'.

Eliminación de Fondo: Esta herramienta es útil cuando solo se desea resaltar un objeto principal en una imagen.

Correcciones: Ajustes de brillo, contraste y nitidez se encuentran en el grupo 'Ajustes' en la pestaña 'Formato'.

Color y Efectos Artísticos: Para modificar el color o aplicar un efecto artístico, se debe acceder al grupo 'Color' en la pestaña 'Formato'.

Transparencia: En el grupo 'Ajustes' en la pestaña 'Formato', se puede modificar la opacidad de una imagen.

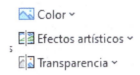

Compresión: Esta herramienta reduce el tamaño del archivo de la imagen, ideal para presentaciones con múltiples imágenes.

Cambio y Restablecimiento de Imagen: Si se desea reemplazar una imagen o devolverla a su estado original, se puede hacer desde la pestaña 'Formato'.

Gráficos y Diagramas en PowerPoint

Los gráficos y diagramas son herramientas esenciales en cualquier presentación. Permiten a los presentadores visualizar datos y conceptos de manera efectiva, facilitando así la comprensión del público. En PowerPoint, estas herramientas son especialmente versátiles y se adaptan a una amplia variedad de situaciones y contextos.

Importancia de los Gráficos y Diagramas:

Cuando se presentan datos, números o procesos complejos, un gráfico o diagrama bien diseñado puede ser la diferencia entre comunicar una idea de manera clara o perder la atención del público. Estos elementos:

- Facilitan la interpretación de información densa o técnica.
- Proporcionan un resumen visual de puntos clave.

- Enriquecen la estética de la presentación, manteniendo al público comprometido.

Tipos de Gráficos y Diagramas en PowerPoint:

Gráficos de Barras: Ideales para representar datos cuantitativos, como ventas mensuales o anuales.

Gráficos de Líneas: Útiles para mostrar tendencias o evoluciones a lo largo del tiempo.

Gráficos de Dispersión: Muestran correlaciones entre dos conjuntos de datos.

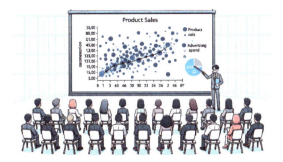

Gráficos Circulares: Representan proporciones y porcentajes.

Diagramas: Visualizan datos, procesos o estructuras, como organigramas o flujos de trabajo.

Pasos para la Creación de Gráficos y Diagramas:

1. Acceder a la pestaña 'Insertar' en PowerPoint.
2. Seleccionar 'Gráfico' o 'Diagrama' según la necesidad.

3. Elegir el tipo de gráfico o diagrama.
4. Introducir o seleccionar los datos que se quieren representar.
5. Personalizar el gráfico o diagrama según preferencias.

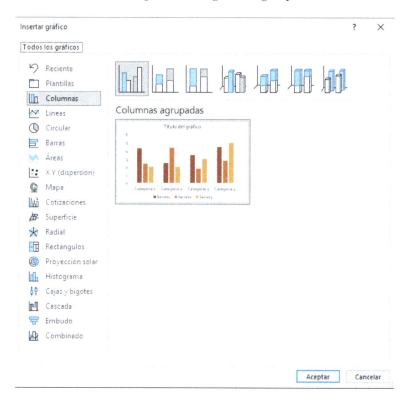

Consejos para la Elaboración Efectiva de Gráficos y Diagramas:

Claridad: Asegurarse de que los datos sean fáciles de interpretar.
Consistencia: Utilizar una paleta de colores y estilos uniformes en toda la presentación.
Precisión: Garantizar que los datos mostrados sean exactos y actuales.
Simplicidad: Evitar sobrecargar el gráfico o diagrama con demasiada información.

La correcta implementación y personalización de gráficos y diagramas en PowerPoint es crucial para transmitir información de manera eficaz. A través de estos elementos, se puede presentar información compleja de forma clara y comprensible, logrando así un impacto duradero en el público. Al dominar estas herramientas, se estará mejor preparado para comunicar ideas y datos de manera efectiva en cualquier contexto o situación.

Patrón de Diapositivas

El Patrón de Diapositivas es uno de los componentes esenciales de PowerPoint, permitiendo establecer una coherencia visual en toda la presentación. Es fundamental para quienes desean que sus presentaciones tengan un aspecto profesional, homogéneo y acorde a una identidad visual determinada.

Definición de Patrón de Diapositivas:

El Patrón de Diapositivas es una "plantilla" que establece el diseño general de las diapositivas. Este diseño incluye elementos como el fondo, las fuentes, los márgenes, los colores, estilos de texto y gráficos, imágenes, logotipos y pies de página.

Estructura de una Diapositiva en PowerPoint

La estructura de una diapositiva refleja cómo se disponen y organizan sus componentes. Es crucial para garantizar que la información se presente

de manera lógica y coherente. Al tener una estructura bien definida, la audiencia puede comprender fácilmente el mensaje central y los puntos clave.

Componentes Principales de una Diapositiva:

Título: Representa el tema principal de la diapositiva y debe ser conciso y directo.
Subtítulo: Proporciona detalles adicionales o contextuales relacionados con el título.
Texto: Es el cuerpo principal donde se expanden y detallan los puntos clave.
Imágenes: Refuerzan y complementan el contenido textual, facilitando la comprensión.
Gráficos y Diagramas: Son útiles para presentar datos y conceptos complejos visualmente.
Viñetas y Listas: Ayudan a estructurar y jerarquizar la información presentada.

Principios Fundamentales del Diseño de Diapositivas:

- **Simplicidad:** Evitar saturar la diapositiva. Menos, es más.
- **Consistencia:** Mantener un diseño y formato uniformes a lo largo de la presentación.
- **Enfoque Central:** Cada diapositiva debe transmitir un mensaje o punto principal.
- **Progresión Lógica:** Asegurar que el contenido fluya de manera coherente y secuencial.

Recomendaciones para una Estructuración Efectiva:

- Priorizar el mensaje principal en el título.
- Complementar el título con un subtítulo informativo.
- Estructurar el texto de forma clara y organizada.
- Integrar imágenes o gráficos relevantes que apoyen el texto.
- Emplear viñetas o listas para resaltar puntos clave.
- Evitar sobrecargar con demasiados elementos visuales.

Estimaciones para Texto, Imagen y Espacio Vacío:

Para lograr una distribución equilibrada y estéticamente agradable en una diapositiva, se recomienda considerar:

- Título: 10%
- Texto: 30%
- Imagen: 30%
- Espacio vacío: 30%

El espacio vacío, también conocido como "espacio en blanco", es esencial para evitar que la diapositiva se sienta sobrecargada y para guiar la atención del espectador hacia los puntos clave. Esta distribución permite que la información se presente de manera clara y sin distracciones.

La correcta estructuración de las diapositivas es esencial para lograr presentaciones efectivas y profesionales. El espacio vacío juega un papel crucial al ofrecer equilibrio y claridad visual. Siguiendo las directrices y consejos anteriores, es posible diseñar diapositivas que no solo sean visualmente atractivas, sino también informativas y relevantes para la audiencia. Es un arte que, con práctica y atención al detalle, cualquier persona puede dominar.

Crear un Patrón de Diapositivas:

1. Abra su presentación en PowerPoint.
2. Diríjase a la pestaña Presentación de Diapositivas y seleccione Patrón de Diapositivas.
3. En el grupo Crear, opte por Nuevo. Se desplegará un cuadro de diálogo.
4. Elija la diapositiva que servirá como base para su nuevo patrón.
5. Personalice los elementos a su gusto: desde el fondo hasta los márgenes.
6. Una vez satisfecho con los cambios, seleccione Cerrar.

Aplicación del Patrón de Diapositivas:

Una vez creado el patrón, puede aplicarlo a la presentación actual u otras futuras:

1. Abra la presentación deseada.
2. En la pestaña Presentación de Diapositivas, haga clic en Patrón de Diapositivas.

3. Del grupo Aplicar, elija el patrón creado y se reflejará en todas las diapositivas.

Elementos Adicionales en el Patrón de Diapositivas:

Imágenes: Integre imágenes al patrón para enriquecer visualmente la presentación.
Logotipos: Ideal para presentaciones corporativas, añadir el logotipo refuerza la identidad de la empresa.
Pie de Página: Incluya información esencial como la fecha, su nombre o el de su compañía.

Consejos para un Patrón de Diapositivas Efectivo:

- Mantenga la simplicidad. Un diseño sobrecargado puede distraer al público.
- La coherencia es clave. Evite cambiar constantemente el diseño.
- Si la presentación es corporativa, respete las directrices de diseño de la empresa.

Menú Diapositivas

El menú Diapositivas es una sección esencial dentro de la pestaña Inicio en PowerPoint. Su propósito principal es ofrecer herramientas que permitan a los usuarios configurar y organizar de manera efectiva las diapositivas dentro de una presentación.

Funciones Principales del Menú Diapositivas:

Nuevo diseño: Permite al usuario crear una nueva diapositiva basándose en uno de los diseños predefinidos.

Nueva
diapositiva ˅

Diseño: Esta herramienta ofrece múltiples opciones relacionadas con el diseño de las diapositivas:

Aplicar diseño: Cambia el diseño de la diapositiva actual al diseño seleccionado.

Restablecer: Esta opción es ideal para retornar la diapositiva actual a su diseño predeterminado, deshaciendo personalizaciones, pero conservando el contenido.

Sección: Una herramienta valiosa para estructurar la presentación, permitiendo:

- Nueva sección: Crear una división temática dentro de la presentación.
- Eliminar sección: Quitar una sección previamente creada, consolidando las diapositivas.

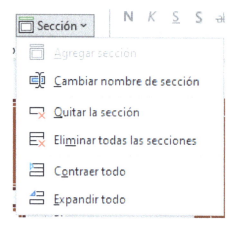

Comprender y dominar las herramientas del menú Diapositivas en la pestaña Inicio es fundamental para desarrollar presentaciones claras, organizadas y visualmente atractivas. Estas herramientas simplifican y optimizan el proceso de diseño, permitiendo a los presentadores enfocarse en transmitir su mensaje de la manera más efectiva posible.

 **Componente**

Componente practico

Ejercicio 1

Análisis de Audiencia y Establecimiento de Objetivos

Descripción: Crear una presentación dirigida a estudiantes de secundaria sobre los beneficios del reciclaje.

Pasos:

1. Análisis de la Audiencia:

    *   **Conocimiento del Tema:** Los estudiantes pueden tener un conocimiento básico del reciclaje, pero quizás no estén completamente informados sobre todos sus beneficios.
    *   **Intereses de la Audiencia:** Los jóvenes suelen estar interesados en el medio ambiente y en cómo pueden hacer un cambio positivo en el mundo.
    *   **Objetivos de la Audiencia:** Aprender más sobre cómo pueden contribuir al bienestar del planeta.

2. **Establecimiento de Objetivos:**

    *   Específico: Informar a los estudiantes sobre los beneficios

específicos del reciclaje.

- Medible: Al final de la presentación, realizar una breve encuesta y esperar que al menos el 70% de los estudiantes pueda listar tres beneficios del reciclaje.
- Alcanzable: Utilizar imágenes, gráficos y ejemplos relevantes para mantener el interés y la comprensión.
- Relevante: El reciclaje es una acción relevante para el bienestar del planeta.
- Temporal: Al final de la presentación, los estudiantes deberían estar motivados para reciclar.

3. Diseño de Diapositivas en PowerPoint:

Diapositiva 1: Título "Beneficios del Reciclaje" con una imagen relacionada.

1. Se eligió un diseño de presentación y cambio el color a fondo amarillo y colores vivos.
2. Se agregó un título en la parte superior con la frase "Beneficios del Reciclaje".
3. Se agregó una imagen de un contenedor de reciclaje con una variedad de materiales.
4. Se utilizó un borde amarillo en la imagen para resaltarla.

Diapositiva 2: Usar viñetas para listar estadísticas sobre la cantidad de residuos que se generan cada año.

1. Se agregó un título en la parte superior con la frase " Residuos que se generan cada año".
2. Se utilizó una lista con viñetas para mostrar las estadísticas sobre la cantidad de residuos que se generan cada año.
3. Se utilizó un tamaño de fuente grande y colores llamativos para que las estadísticas sean fáciles de leer.

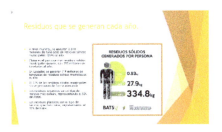

Diapositiva 3: Usar un gráfico circular para mostrar cómo se dividen los residuos (plástico, papel, vidrio, etc.).

1. Se agregó un título en la parte superior con la frase " Residuos que se generan cada año.".
2. Se agregó un gráfico circular para mostrar cómo se dividen los residuos por tipo de material.
3. Se utilizó un color diferente para cada tipo de material para que el gráfico sea fácil de entender.

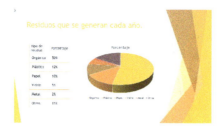

Diapositiva 4: Lista con viñetas sobre los beneficios del reciclaje.

1. Se agregó un título en la parte superior con la frase "Beneficios del reciclaje".
2. Se utilizó una lista con viñetas para mostrar los beneficios del reciclaje.
3. Se utilizó un tamaño de fuente grande y colores llamativos para que los beneficios sean fáciles de entender.

Diapositiva 5: Imágenes con ejemplos prácticos de reciclaje y cómo impactan positivamente al medio ambiente.

1. Se agregó un título en la parte superior con la frase " Impacto positivo al medio ambiente".
2. Se agregaron imágenes de ejemplos prácticos de reciclaje, como botellas de plástico, papel y vidrio.

Diapositiva 6: Conclusión y llamado a la acción.

1. Se agregó un título en la parte superior con la frase "Conclusión".
2. Se agregó un resumen de los puntos principales de la presentación.
3. Se incluyó un llamado a la acción para que los espectadores se comprometan a reciclar.

Ejercicio 2

Diseño y Personalización de Diapositivas

Descripción: Crear una presentación sobre "Tendencias Actuales en Tecnología" dirigida a adultos mayores.

Pasos:

1. Análisis de Audiencia:

   - Conocimiento del Tema: Los adultos mayores pueden no estar familiarizados con las últimas tendencias tecnológicas.
   - Intereses de la Audiencia: Aprender cómo la tecnología puede

beneficiar su vida diaria.

- Objetivos de la Audiencia: Comprender las tendencias actuales y cómo pueden adaptarse a ellas.

2. Establecimiento de Objetivos:

- Específico: Presentar las últimas tendencias tecnológicas de forma comprensible.
- Medible: Al final, esperar que al menos el 60% de la audiencia muestre interés en aprender más sobre al menos una de las tendencias presentadas.
- Alcanzable: Evitar jerga técnica y proporcionar ejemplos prácticos.
- Relevante: Mostrar cómo estas tendencias pueden ser útiles en su vida diaria.
- Temporal: Durante la presentación, ofrecer una sección de preguntas y respuestas.

3. Diseño de Diapositivas en PowerPoint:

Diapositiva 1: "Tendencias Actuales en Tecnología"

1. Se eligió un diseño moderno para la presentación con colores neutros y frescos.
2. Se agregó un título en la parte superior con la frase "Tendencias Actuales en Tecnología".
3. Se añadió una imagen relacionada con la tecnología moderna, como circuitos electrónicos o dispositivos de vanguardia.
4. Se utilizó un borde sutil para resaltar la imagen y darle un toque de elegancia.

Diapositiva 2: Tendencias actuales en tecnología

- Se agregó un título en la parte superior con la frase "Principales Tendencias Tecnológicas".
- Se presentó una lista con viñetas enumerando las tendencias actuales, como la inteligencia artificial, la realidad virtual, entre otros.
- Se utilizó un tamaño de fuente claro y colores contrastantes para que las tendencias sean fáciles de identificar y leer.

Diapositiva 3: Uso de la Inteligencia Artificial en hogares

- Se agregó un título en la parte superior con la frase "Inteligencia Artificial en el Hogar".
- Se incluyó una imagen que muestra ejemplos de uso de la inteligencia artificial en hogares, como asistentes virtuales y robots de limpieza.
- Se añadió una breve descripción al lado o debajo de la imagen para contextualizar su contenido.

Diapositiva 4: Adopción de tecnologías por grupo etario

- Se agregó un título en la parte superior con la frase "Adopción Tecnológica por Edades".
- Se presentó un gráfico de barras que compara la adopción de diferentes tecnologías entre distintos grupos de edad.
- Se utilizó una paleta de colores diversa para diferenciar cada grupo etario y tecnología en el gráfico.

Diapositiva 5: Beneficios para adultos mayores

- Se agregó un título en la parte superior con la frase "Beneficios Tecnológicos para Adultos Mayores".
- Se elaboró una lista con viñetas que destacan cómo las tendencias tecnológicas actuales pueden ser beneficiosas para los adultos mayores.
- Se utilizó un tamaño de fuente amigable y colores suaves para resaltar la importancia de este grupo demográfico.

Diapositiva 6: Conclusión y recursos

- Se agregó un título en la parte superior con la palabra "Conclusión".
- Se proporcionó un resumen de los puntos principales discutidos en la presentación.
- Se incluyó una lista de recursos o enlaces para aquellos interesados en aprender más sobre las tendencias tecnológicas actuales.

 **Componente**

Componente Autónomo

Ejercicio 1

Diseño de Diapositivas para un Proyecto Personal

Objetivo: Diseñar una presentación que describa un hobby o pasatiempo, utilizando las herramientas de PowerPoint.

1. Elija un hobby o pasatiempo que le apasione.
2. Diseñe una presentación de 5-7 diapositivas que describa dicho hobby.
3. Incluya imágenes relacionadas con el tema.
4. Añada textos descriptivos en cada diapositiva.

Ejercicio 2

Uso de Gráficos en PowerPoint

Objetivo: Utilizar gráficos para representar datos y analizarlos.

1. Liste sus gastos mensuales en diferentes categorías (alimentos, transporte, entretenimiento, etc.).
2. Utilice gráficos de PowerPoint para representar estos datos.
3. Asegúrese de etiquetar cada categoría en el gráfico.
4. Use colores distintos para cada categoría.

Ejercicio 3

Personalización de Diseño

Objetivo: Mejorar y personalizar una diapositiva proporcionada, utilizando las herramientas de diseño de PowerPoint.

1. Se le proporcionará una diapositiva básica con información sobre un tema.
2. Utilice las herramientas de diseño de PowerPoint para mejorar la diapositiva.
3. Añada elementos gráficos o visuales para enriquecer la presentación.
4. Modifique el esquema de colores para darle un aspecto más profesional.

Ejercicio 4

Integración de Multimedia

Objetivo: Enriquecer una presentación mediante la integración de elementos multimedia.

1. Diseñe una presentación sobre un tema de su elección.
2. Integre al menos un video relacionado con el tema.
3. Añada un archivo de audio que complemente la información.
4. Asegúrese de que el video y el audio se reproduzcan correctamente.

Ejercicio 5

Uso de Transiciones y Animaciones

Objetivo: Utilizar transiciones y animaciones para hacer una presentación más dinámica y atractiva.

1. Cree una presentación sobre un tema de actualidad.
2. Aplique transiciones variadas entre las diapositivas.

3. Añada animaciones a los elementos dentro de las diapositivas.
4. Revise que las transiciones y animaciones se vean fluidas y no distraigan al espectador.

Ejercicio 6

Presentación Efectiva

Objetivo: Desarrollar habilidades de presentación y comunicación efectiva.

1. Elija un tema que le interese y diseñe una presentación de 5-10 diapositivas.
2. Realice una presentación en vivo frente a un pequeño grupo.
3. Utilice su presentación de PowerPoint como apoyo.
4. Procure interactuar y mantener el interés de la audiencia durante la presentación.

CONCLUSIÓN

1. PowerPoint es una herramienta versátil y poderosa que, cuando se utiliza adecuadamente, puede transformar la forma en que comunicamos ideas y presentamos información.
2. La comprensión de las características básicas y avanzadas de PowerPoint permite a los usuarios adaptar sus presentaciones a diversas audiencias y objetivos.
3. A través de ejercicios prácticos y teóricos, cualquier persona puede mejorar sus habilidades de presentación y convertirse en un comunicador más eficaz.
4. La tecnología y las herramientas digitales, como PowerPoint, están en constante evolución; por lo tanto, es esencial mantenerse actualizado para aprovechar al máximo sus capacidades.
5. Las presentaciones efectivas no dependen solo de la herramienta, sino también de la habilidad del presentador para conectar con su audiencia y transmitir su mensaje de manera clara.
6. A medida que avanzamos en la era digital, herramientas como PowerPoint seguirán desempeñando un papel crucial en la educación, los negocios y otros campos.
7. Este libro busca no solo enseñar sobre PowerPoint sino también inspirar a los lectores an explorar, experimentar y descubrir nuevas formas de compartir su conocimiento y pasiones con el mundo.

BIBLIOGRAFÍA Y LECTURAS COMPLEMENTARIAS

Bibliografía Básica

sONHOS. (2016). Manual avanzado PowerPoint 2016. sONHOS

Bibliografía Complementaria

Holler, J. (2022). Microsoft PowerPoint: The Most Updated Crash Course from Beginner to Advanced Learn All the Functions, Macros and Formulas to Become a Pro in 7 Days or Less. Independently published.

Baksa, P. (2011). Point of Power. Intelegance Publishing.

Cooper, A. B. (2009). PowerPoint presentations that sell. McGraw-Hill.

Cota Robles, E. A. (2021). Aplicacion Productiva de las Herramientas de Excel y Power Point. Editorial Academica Espanola.

Course Technology. (2001). Microsoft PowerPoint 2000: Illustrated introductory Spanish edition. Course Technology.

Harvard Business Review. (2022). Como Realizar Presentaciones (Presentations Spanish Edition). Reverte Management (Rem).
Home Office: Como Ser Productivo Desde tu Oficina en Casa Sin Morir en el Intento. 2 Libros en 1 - Quiero Trabajar Desde Casa, ¿Y Ahora Que?, Como Ser Mas Organizado Si Eres un Completo Desastre. (2021). Freedom Bound Publishing.

Pages, M. (2020). Presentaciones Efectivas a tu Alcance: ¿Como presentar tus ideas y pasarla bien al mismo tiempo? Independently Published.
Pasos, P. (s/f). Guía de Microsoft PowerPoint. Aragon.es. Recuperado el 1 de mayo de 2024, de https://ast.aragon.es/sites/default/files/primerospasospowerpoint2016.pdf

Prieto, J. (2012). Office 365: Aplicaciones En La Nube de Microsoft.

Createspace Independent Publishing Platform.

Ramirez, M. (2012). Gu a R pida Power Point 2010: Aprende PowerPoint 2010 En Pocas Horas. Createspace Independent Publishing Platform.

Tareas básicas para crear una presentación de PowerPoint. (s/f). Microsoft.com. Recuperado el 1 de mayo de 2024, de https://support.microsoft.com/es-es/office/tareas-b%C3%A1sicas-para-crear-una-presentaci%C3%B3n-de-powerpoint-efbbc1cd-c5f1-4264-b48e-c8a7b0334e36

Valentin, H. (2016a). Office 2016 Paso a Paso. Createspace Independent Publishing Platform.

Valentin, H. (2016b). Presentaciones Con PowerPoint Y Prezi Paso a Paso. Createspace Independent Publishing Platform.

Valentin, H. (2017). PowerPoint 2016 Paso a Paso: Actualizaci n Constante. Createspace Independent Publishing Platform.

(S/f). Wordpress.com. Recuperado el 1 de mayo de 2024, de https://lapaucompetic.wordpress.com/wp-content/uploads/2014/09/manual-avanzado-powerpoint-2016-ricosoft.pdf

Gómez, M. C. (2023, diciembre 11). *Cómo hacer tus propias plantillas de PowerPoint paso a paso.* Hubspot.es. https://blog.hubspot.es/marketing/como-hacer-plantillas-powerpoint

Torrenti, Á. (2024, mayo 1). *Microsoft PowerPoint: Aprende desde cero.* Imaginaformacion.com; Imagina Formación. https://imaginaformacion.com/tutoriales/microsoft-powerpoint-aprende-desde-cero

Tutorial POWERPOINT. (s/f). Madrid.org. Recuperado el 1 de mayo de 2024, de https://mediateca.educa.madrid.org/video/vavhsv3tlrw7351s

Lecturas Complementarias

Farray, M. I. L. O. (2005). Windows y Microsoft Office Básico. ISPETP.

ACERCA DEL AUTOR

El Ing. Jefferson Villarreal, oriundo de Tulcán y residente de Quito, es un distinguido ingeniero mecatrónico con pasión por la educación en tecnologías aplicadas. A pesar de su formación en mecatrónica, ha forjado una notable carrera como profesor de TICs, Software y Electrónica, encargado del área de autoevaluación, e investigación, identificando áreas de mejora en la enseñanza tecnológica.

Hace un año decidió plasmar su experiencia en papel, y así nació " Claves para Presentaciones Exitosas con PowerPoint", un reflejo de su admiración por las capacidades de PowerPoint. Con una actitud resiliente ante las críticas y un enfoque en proporcionar conocimiento práctico, Jefferson se ha establecido como un referente en literatura tecnológica.

Cuando no está escribiendo o enseñando, disfruta del cine, anime, fútbol y el gimnasio. Con futuros proyectos literarios en camino, Jefferson continúa su misión de empoderar a sus lectores en el mundo digital.

Autor para correspondencia: Jefferson.villarreal@cemlad.edu.ec
Correo electrónico personal: Jeffersonvillarreal91@gmail.com

ACERCA DE LA INSTITUCIÓN

Instituto Superior Tecnológico Cemlad
www.cemlad.edu.ec

Autoridades:

- Rev. César Parra, PhD - presidente
  - ⬜ presidencia@cemlad.edu.ec
- Lic. Lilia Gutiérrez, Msc. - Rectora
  - ⬜ rectorado@cemlad.edu.ec
- Mim. Salomé Parra, Msc. - Vicerectora
  - ⬜ salome.parra@cemlad.edu.ec

Filosofía Institucional:
Misión:
Formar profesionales de alta calidad con valores de emprendimiento y equidad, reconociendo saberes locales en un contexto global.
Visión:
Ser reconocidos por innovación y impacto, promoviendo profesionales técnicos y tecnológicos aptos para las demandas actuales.

Objetivos Institucionales:

- Establecer cooperaciones con instituciones para metas comunes.
- Formar profesionales técnicos y tecnólogos con capacidades emprendedoras.
- Estimular la creatividad y productividad en la comunidad educativa.
- Vinculación activa con la sociedad mediante cooperaciones académicas.
- Fortalecer recursos y tecnologías para el desarrollo académico.

Competencias Genéricas:

- Habilidades lingüísticas y pensamiento crítico.
- Liderazgo en emprendimientos para bienestar humano.
- Mejoramiento continuo en todas facetas.
- Uso eficiente de tecnologías en diversos ámbitos

www.ingramcontent.com/pod-product-compliance
Lightning Source LLC
LaVergne TN
LVHW051738050326
832903LV00023B/992